Rose

ISBN : 978-2-490102-35-8
Dépôt légal : septembre 2021

Loi n°49-956 du 16 juillet 1949 sur les publications destinées à la jeunesse.

Photogravure : IGS CP
Achevé d'imprimer sur les presses de Jelgavas, en septembre 2021

CIEL mon doudou

Valentine du Payrat

Le Cosmographe

Lune et Soleil jouent dans le ciel
avec leurs doudous.

Ils aiment jouer à cache-cache,
à la marelle, au docteur Méli-Mélo
et aux échecs...

Mais plus que tout,
ils aiment jouer aux pirates.

À l'abordage !

Bim ! Bam ! Klang !

La bataille est terrible !

Quand soudain…

Doudou Lune et Doudou Soleil
passent par-dessus bord !

Lune et Soleil pleurent des cordes.

Que faire sans leurs doudous ?
Qui les aidera à s'endormir ?
Qui guérira leurs bobos ?
Qui les consolera de leurs chagrins ?

Il fait tout noir,
qui a éteint la lumière ?

Voyant Lune et Soleil si tristes,
l'Étoile Polaire décide de partir
à la recherche des doudous perdus.

Où sont-ils ?

Ici ?

Là ?

L'Étoile Polaire ne connaît pas bien
la Terre, mais elle compte bien en fouiller
chaque recoin !

L'Étoile Polaire n'a rien trouvé. Elle décide de demander l'aide des animaux.

– Dites-moi madame Oiseau, vous qui avez la vue perçante, avez-vous vu quelque chose ?

Non, madame Oiseau n'a rien vu.

– Allons plutôt demander à monsieur Lapin.

– Bonjour monsieur Lapin, vous qui avez l'ouïe fine, avez-vous entendu quelque chose ?

Non, monsieur Lapin n'a rien entendu.

– Allons plutôt demander à madame Renard.

— **Oups !** Pardon monsieur Arbre !
Mais monsieur Arbre n'est pas surpris,
quelque chose l'a déjà percuté tout
à l'heure.
— Ça alors ! Et si c'étaient les doudous ?!

Et oui !

C'est Doudou Lune qui a atterri chez madame Renard.
Et regardez, il l'a aidée à s'endormir !

Chut !

Il ne faut pas la réveiller.

Lune est si heureuse de retrouver son doudou.
Elle resplendit à nouveau !

Et d'un coup...

Toutes
les étoiles s'illuminent.

Toutes ?

Non, car Soleil
refuse toujours de sortir
tant que son doudou
ne sera pas revenu !

C'est vrai, il faut continuer à chercher !

On voit un peu
mieux au clair de lune.

Ça alors !

Cet arbre est étrange…

Il brille !

L'Étoile Polaire part
l'inspecter.

Il faut découvrir ce qui se cache dans cet arbre !

L'Étoile Polaire prend une grande inspiration et souffle de toutes ses forces !

Trouvé !

C'est bien Doudou Soleil qui était resté
accroché aux branches.

Soleil est si heureux de retrouver
son doudou qu'il brille de mille feux...

Tout le monde fête les retrouvailles !

Soleil et Lune peuvent à nouveau
jouer avec leurs doudous.

Mais que faire maintenant ?

Jouer
aux pirates
pardi !